I0473495

MICHAEL T. WILSON

DROPSHIPPING

SHOPIFY

LE GUIDE DES BUSINESS EN E-COMMERCE

SOMMAIRE

Bienvenue dans ce livre

Bonjour à tous.

Avant de commencer la lecture de ce livre, je tiens tout particulièrement à vous remercier car c'est aujourd'hui grâce à vous si ce nouvel exemplaire voit le jour.

Ce que vous allez apprendre

A travers ce livre je vais vous apprendre :

- ce qu'est le dropshipping (avec ses avantages et ses inconvénients),
- pourquoi vous devez rapidement vous lancer dans le e-commerce,

- à créer votre boutique en e-commerce,
- quels logiciels utiliser pour votre boutique en ligne,
- quels sont les produits qui se vendent aujourd'hui sur le net,
- pour quel(s) fournisseur(s) opter,

Et bien plus.....

A qui s'adresse ce lire ?

Cet ouvrage s'adresse à toutes les personnes souhaitant :

- ne plus travailler pour un patron,
- avoir plus de liberté (pour partir en vacance, profiter de sa famille...),
- gagner plus d'argent,
- être en parfaite autonomie...

A qui ne s'adresse pas ce livre ?

Comme j'aime souvent le dire, que ce soit pour n'importe quel business (physique ou en ligne) la solution miracle n'existe pas. Ne pensez donc pas, une fois avoir lu ce livre, pouvoir gagner des millions d'euros en dropshipping, sans passer à l'action.

L'objectif de ce livre

Je vais vous présenter le dropshipping sous tous ses angles. Les plus beaux comme les moins bons. Après avoir lu les pages qui vont suivre, n'importe qui sera capable de lancer une boutique en dropshipping qui rapporte des ventes.

Voilà l'objectif de cet ouvrage.

ETAPE N°1 : LE DROPSHIPPING, QU'EST-CE QUE C'EST ?

S'il fallait résumer le dropshipping, un schéma très simple suffirait amplement car, comme on dit, une image vaut mille mots :

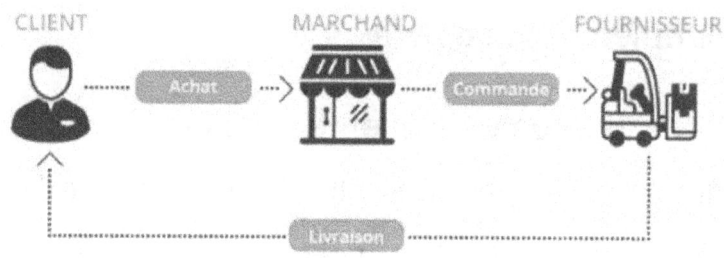

Pour rentrer encore plus en détail, le cycle serait le suivant :

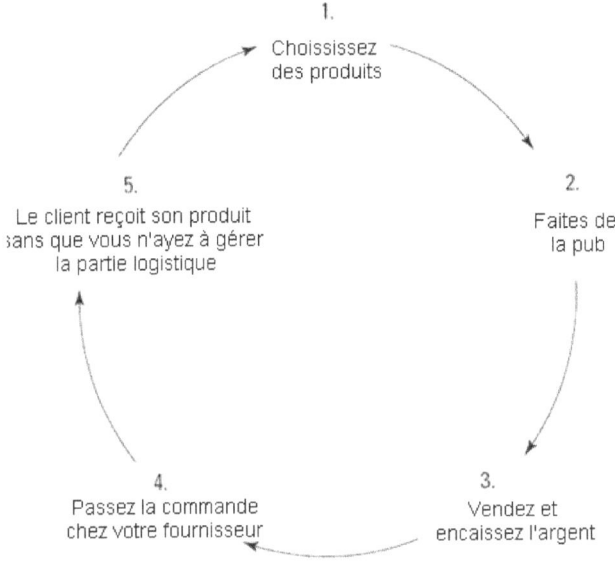

Depuis plus d'un an maintenant, le dropshipping fait son apparition en France. Aussi surnommé « l'El Dorado du E-commerce », cette méthode consiste à vendre des produits sans même avoir de stock. Fabuleux, me direz-vous !

Mais ceci n'est que la surface supérieure émergée de l'iceberg.

Pour vous lancer en dropshipping il va falloir créer votre propre site internet en ayant sélectionné des produits chez un fournisseur.

Par la suite, il va falloir alimenter votre site internet avec des photos / images de ce produit ainsi qu'une description détaillée de ce dernier.

Une fois la fiche produit réalisée, le plus difficile sera de faire venir des visiteurs sur votre site internet. Et là réside tout l'art du dropshipping. Les visiteurs afflueront sur votre site avec soit :

- du trafic **gratuit** : cela passera par du référencement SEO, des publications sur Facebook ou encore des posts sur Instagram ou même des story Snapchat,

- du trafic **payant** : en passant par Google Adwords, de la publicité sur les réseaux sociaux ou encore sur YouTube.

Les visiteurs viennent sur votre site et là, deux cas se produiront. Soit :

1. ils repartent,
2. ils commandent ($$$).

Une fois la commande effectuée il va vous falloir entrer en contact avec le fournisseur et commander votre produit en lui envoyant un message du style : « Merci d'expédier le produit à telle adresse..... ». Je vous rassure, par la suite, ce processus va être automatisé. Imaginez les boutiques qui ont cent ou plus de commandes par jour.

Résultat de l'opération : admettons que vous achetez auprès de votre fournisseur votre produit à 5€, le revendez à 20€, vous avez une marge de 15€ sur votre produit.

Il ne vous reste plus qu'à répéter l'opération indéfiniment et encaisser l'argent !

Dans ce chapitre je vais vous exposer les côtés tous roses du dropshipping, mais pas uniquement !

Commençons de suite par les **inconvénients** pour éliminer les sujets tabous.

Les problèmes de TVA

En 2018, 4,12 milliards de personnes avaient accès à internet (soit 54% de la population mondiale). Et ce chiffre est en pleine expansion si l'on se penche plus en détail sur les statistiques.

Ayant une boutique en ligne, vous vous doutez bien que n'importe qui aura accès à votre e-commerce (et c'est aussi le but d'ouvrir un shop online). Selon les pays, il se peut donc que vous rencontriez des problèmes de TVA ou encore de douane lors de l'expédition du produit. Nous le verrons par la suite mais c'est pour cela qu'il va être primordial de savoir quels pays vous souhaitez cibler avec votre produit afin de vous accorder avec la TVA et la douane des pays concernés.

La pub

Il en va de même pour la pub. Suivant les pays dans lesquels vous souhaitez vous implanter vous devrez jouer sur certains facteurs bien précis.

Attention, dans certains pays certaines choses ne seront pas tolérées. En Angleterre, par exemple, si vous commercialisez un produit d'esthétique, faites bien attention à ce que dans vos pubs certaines parties du corps ne soient pas trop exposées à l'écran (je vous parle ici de vécu).

Les délais de livraison

Vous le verrez au fur et à mesure dans ce livre mais en dropshipping, la plupart du temps, les e-commerçants passent par le service de livraison de AliExpress (du moins pour débuter, question de facilité).

Les délais de livraison de AliExpress sont en revanche très longs (comptez entre 15 à 24 jours) comparé au plus grand concurrent, par exemple, Amazon, qui livre entre 1 à 7 jours. Il va donc vous falloir trouver un moyen de considérablement vous démarquer et expliquer à vos clients ces délais de livraison.

De même, je vous déconseillerais par la suite d'opter pour une solution gratuite ou sans *tracking* (tracer votre produit) pour la simple et bonne raison que si le client vous demande où se trouve son produit, vous-même ne le saurez pas.

On va donc de ce fait toujours privilégier les colis suivis en passant par exemple par le service d'envoi standard d'AliExpress.

La concurrence

Vous le verrez lors des avantages mais le dropshipping est un business en ligne qui détient une très faible barrière d'entrée. Résultat : tout le monde (équipé d'un ordinateur et d'une connexion internet) peut se lancer en dropshipping. Vous serez donc confronté à une grande et vaste concurrence.

Examinons maintenant les **avantages** du dropshipping.

Se lancer en dropshipping offre une multitude d'avantages selon moi. La facilité de déploiement dans un premier temps, mais également les faibles coûts que génère celui-ci.

La logistique

Se lancer dans le e-commerce un matin, et avoir une boutique en ligne avec des produits le soir même, je ne connais aucun autre business capable d'offrir ceci. Si vous oui, n'hésitez pas à m'en faire part !

Plus sérieusement, le dropshipping offre ce qu'aucun autre business n'est actuellement capable de vous offrir : vous n'avez aucun stock en votre possession.

Certains voient cela comme un inconvénient mais voyez plus cela comme un avantage. Cela va vous éviter de devoir trouver un endroit où stocker votre marchandise, sachant que la surface, et donc le prix, dépendront de la taille et du poids de votre produit.

De ce fait également, vous n'aurez pas besoin de manutention ni de gestion du personnel ce qui est un énorme avantage en terme de coût mais aussi de logistique.

N'ayant pas de personnel à gérer ni de stock en votre possession, il vous sera beaucoup plus simple pour vous de profiter de vos proches ou même de partir en vacances. A tout moment de l'année, si l'envie vous prend de travailler à l'étranger, rien ne vous y empêche. Il vous faudra juste une connexion internet.

Avantages financiers

Financièrement vous ferez également des économies étant donné que c'est vous qui contactez le fournisseur pour qu'il envoie lui-même le produit à votre client, mais cela uniquement après le paiement effectué. Il ne peut donc pas y avoir de stock en trop et vous savez directement ce qui rentre dans votre poche dans la mesure où c'est le paiement de votre client qui viendra financer votre commande auprès du fournisseur.

Puis, comme énoncé ci-dessus, la barrière d'entrée dans ce business est très faible. N'importe qui en 2019 peut se lancer dans le e-commerce avec un pc et une connexion internet.

ETAPE N°3 : POURQUOI VOUS DEVEZ RAPIDEMENT VOUS LANCER DANS LE E-COMMERCE

Avant d'entrer dans le vif du sujet, laissez-moi vous dire pourquoi vous devez impérativement vous lancer dans le e-commerce : **vous êtes à 1 produit de changer votre vie, d'atteindre votre liberté financière**.

Nous vivons aujourd'hui dans une société où un adolescent de 16 ans peut gagner sur internet autant de revenus que ses deux parents réunis.

Alors, certes, le dropshipping n'est pas une solution miracle et il va falloir réaliser plusieurs boutiques « tests » avant de tomber sur la *bonne* boutique avec le *bon* produit.

Mais en quelques mois de tests, d'apprentissage, vous pouvez gagner autant qu'un chirurgien qui lui, contrairement à vous, aura minimum dédié **8 ans** de sa vie à étudier avant de pouvoir prétendre à un salaire convenable.

Donc, réveillez-vous !

Si je n'ai toujours pas réussi à vous convaincre, voici selon moi les 7 raisons de vous lancer rapidement dans le e-commerce :

1. Contrairement à une boutique ou entreprise physique, il vous faut très peu de moyens pour vous lancer,
2. Vous n'avez pas la nécessité d'avoir un fond de commerce, un local, de l'électricité....ce qui vous octroie énormément d'économie,

3. Vous êtes libre de choisir votre cadre de travail,

4. En 10-15 minutes aujourd'hui sur internet on peut être son propre patron avec le statut de micro-entrepreneur (anciennement auto-entrepreneur),

5. Votre boutique est ouverte 24h/24, 7j/7 durant 365 jours qu'il y ait des jours fériés ou non,

6. Vous pouvez vendre partout dans le monde, vous n'êtes donc pas contraints par une zone de chalandise restreinte et vous pouvez vous implanter là où cela vous chante (marché FR, USA etc...),

7. D'ici 2021, le marché du e-commerce représentera 4 000 milliards de dollars, ne voulez-vous pas vous servir, ne serait-ce qu'une miette, de ce gâteau ?

Si nous prenons uniquement la France, la plupart des foyers est connectée à internet et dispose d'une connexion haut débit. De plus, 80% de la population entre 16 et 40 ans surfe sur internet au moins 1h30 par jour (via leur smartphone ou pc).

Alors, qu'attendez-vous ?

L'étape n°4 est l'une des étapes les plus importantes de ce livre. N'hésitez donc pas à vous munir d'un surligneur pour mettre en évidence ce qui vous semble le plus pertinent.

En décidant de vous lancer dans le e-commerce vous allez devoir, dans un premier temps, créer votre boutique en ligne.

Avoir un design soigné est primordial, c'est ce qui améliorera l'expérience de vos clients et leur donnera donc l'envie de se procurer votre produit.

Donc, deux options s'offrent à vous : créer vous-même votre propre site internet ou déléguer cette tâche à une entreprise qui vous fournira un site « clé en main ».

Je vous rassure tout de suite, si des adolescents y arrivent, vous pouvez y arriver également. Pas besoin d'être Einstein en informatique, de nombreuses plateformes très intuitives existent et de plus en plus de plateformes de ce type s'ouvrent étant donné que c'est un business qui a le vent en poupe.

Voici une liste (non exhaustive) de sites pour créer votre boutique e-commerce :

- Shopify
- Wizishop
- Magento
- Prestashop
- WooCommerce
- BigCommerce

Personnellement, pour la création de mes sites en e-commerce, j'ai toujours opté pour Shopify. Très simple d'utilisation, ce site propose un abonnement de 29$/mois (qui sera rentabilisé avec vos premières ventes) avec un essai gratuit de 14 jours.

Si vous avez déjà votre site e-commerce, je vous invite à passer à l'étape suivante !

Configurer votre compte Shopify

Avant de vouloir créer votre boutique, inscrivez-vous sur le site Shopify.fr. Une fois vos informations personnelles renseignées vous serez redirigé vers votre compte administrateur et l'aventure pourra commencer !

Thème de votre boutique Shopify

Shopify met ici à votre disposition tout un tas de thèmes originaux et de qualité comportant chacun certaines spécificités.

Vous allez trouver des thèmes gratuits et payants. Mon conseil serait de commencer par un thème gratuit. Inutile de trop investir dès le départ et rien ne vous empêchera d'acheter un thème premium par la suite.

Chaque thème (qu'il soit gratuit ou payant) peut être modifié à votre guise.

Une fois le thème obtenu, il va falloir le configurer à l'aide des outils mis à disposition par Shopify afin de vous démarquer de vos concurrents et, comme vu précédemment, d'améliorer l'expérience client.

Ajouter des produits sur votre boutique

Une fois le thème configuré et votre site personnalisé, nous allons y ajouter des produits à vendre. Rendez-vous sur le menu *Produits*, puis *Ajouter un produit* et remplir tous les champs suivants :

- *Organisation* : vous servira à catégoriser votre article
- Réduction & promotions : rendez-vous dans *Promotion*, *Ajouter une promotion* et enfin *Générer un code.* Ces codes promotionnels peuvent être des bons de réduction en euros ou en pourcentage (libre à vous). Il vous est également possible d'offrir les frais de livraison.

Si créer une boutique mono-produit ne vous intéresse pas et que vous privilégiez le multi-produit (pour en tester plusieurs à la fois), je vous conseille d'installer l'application Oberlo (cf. étape n°5) gratuite jusqu'à 500 produits (ensuite il faudra compter entre 29 à 79€ par mois).

Créer une page et y ajouter du contenu

Rendez-vous dans la rubrique *Boutique en ligne* puis *Page* et *Ajouter une page.*

Afficher les informations relatives à votre entreprise

Cette partie-là se traite dans les *Réglages/Paramètres* puis dans *Général*. Ici vous aurez trois catégories à remplir qui garantiront votre fiabilité aux yeux de vos clients :

1. Les détails de l'entreprise,
2. L'adresse de l'entreprise,
3. Les normes de l'entreprise.

Les taxes

Pour ne pas vous compliquer les choses, je vous conseille de vous rendre dans les *Réglages*, puis *Taxes* et vérifier que la case *Toutes les taxes sont incluses dans mes prix* soit cochée.

Les modes de livraison

A nouveau dans les *Réglages*, rendez-vous dans *Livraison.* Tout devrait avoir été rempli automatiquement. Autrement, il vous suffira de renseigner les informations demandées.

Configurer les modes de paiement

Encore et toujours dans les *Réglages*, puis *Paiements,* c'est ici que vous pourrez ajouter les différents modes de paiement tels que les cartes bleues, PayPal etc...

Une fois votre site créé et configuré, il vous faudra trouver un hébergeur tel que OVH, 1&1, GoDaddy... Comparez les coûts, les avantages de chacun et sélectionnez-en un.

Une multitude de logiciels et applications sont disponibles sur le *Shopify App Store*, mais uniquement certaines d'entre elles sont vraiment pertinentes.

Je dresse ici la liste des 10 applications qui vous seront utiles (gratuites et payantes) que j'utilise moi-même sur tous mes shops :

- **Dropified** (idem que Oberlo ou encore DSers) : concurrent direct d'Oberlo, Dropified vous permettra de passer les commandes en arrière-plan, changer de fournisseur rapidement ou encore créer des packs de produits.
  - 39$ par mois (14 jours d'essai gratuit).

- **SMSBump** : Application très peu utilisée mais très redoutable. SMSBump vous permet de récupérer tous les paniers abandonnés en relançant vos clients par SMS. Vous pouvez par exemple envoyer un SMS 1h après, un autre 3h après et un dernier 24h après. Bien entendu, tout ce processus est automatisable.
  - Gratuit, vous payez uniquement le prix des SMS que vous envoyez.

- **PayPal Tracking Autopilot** : Les informations de livraison sur PayPal ne sont pas forcément toujours mises à jour par Shopify. Cette application mettra automatiquement à jour les numéros de suivi des commandes sur votre compte PayPal. Si un client fait une demande de remboursement, cela vous évitera de perdre le litige et donc, d'avoir votre compte PayPal bloqué avec tout votre argent.

- o 0,12€ par crédit (1 crédit = 1 commande).

- **Loox** : Un incontournable en dropshipping. C'est selon moi la meilleure application (visuellement elle bat des records) pour publier des avis (rédigés ou avec des photos) sur vos produits et donc créer de la confiance à vos futurs acheteurs.

- o 9,99$ par mois (14 jours d'essai gratuit).

- **Printful** : Créez vos logos (vêtements, mugs, téléphone...) et Printful se charge d'imprimer et d'expédier votre produit à vos clients.
  - Gratuit.

- **Bold Upsell** : vous permet de créer des upsells/cross sells.
  - 9,99$ par mois (30 jours d'essai gratuit).

- **Privy** : Cette application permet d'afficher des fenêtres *pop up* et donc, de récupérer les emails de vos visiteurs.
  - Gratuit.

- **Order Emailer** : Obligatoire dans la plupart des pays, il va vous falloir envoyer les factures à vos clients. C'est désormais possible automatiquement avec Order Emailer.

  o Gratuit.

- **Crush Pics** : Cette application va compresser la taille de vos images et donc réduire le temps de chargement de votre site. Vous pouvez également utiliser *Imagify.io* pour compresser vos images. Plus votre site internet se charge vite, plus votre expérience utilisateur sera valorisée et votre référencement Google également. Si vous souhaitez tester la rapidité de chargement de votre site web, rendez-vous sur le site *PageSpeed Insights* (mis à disposition par Google).

  o Gratuit.

- **Countdown Cart** : Créez des comptes à rebours sur vos articles, modifiez le nombre de visiteurs sur la page afin d'augmenter la preuve sociale sur vos produits et créer un sentiment d'urgence chez vos prospects.
  - Gratuit.

Nous avons précédemment vu les 10 applications que j'utilise sur Shopify. Voici maintenant mes 11 façons de trouver un produit gagnant !

- **Instagram** : la plupart des gens qui sont sur les réseaux sociaux scroll le fil d'actualité sans aucune raison. Dans notre cas nous allons cibler les pubs de dropshipping et voir quels produits y sont présentés pour nous en inspirer.

- **Turbo Ad Finder** (extension chrome) : va vous permettre de ne voir que des pubs dans votre fil d'actualité Facebook. Plus besoin d'aller à leur recherche !

- **La barre de recherche Facebook** : Tapez un mot clef qui revient souvent dans la barre de recherche et voyez ce que Facebook vous propose. <u>Astuce</u> : tapez des mots en anglais, vous aurez plus de suggestions. Mettez également les mots recherchés entre guillemets (ex : "free shipping"+"....")

- **Exchange market place** : Proposé par Shopify, c'est un site internet qui regroupe tous les « revendeurs de boutique en ligne ». Inspirez-vous donc des produits vendus sur toutes ces boutiques.

- **Adspy** (payant) : Rendez-vous sur Facebook et activez Adspy pour cibler les publicités qui tournent le plus.

- **Amazon** : Analysez les meilleures ventes sur Amazon.fr et regardez les niches dans lesquelles se trouvent les produits gagnants.

- **AliExpress** : Fouillez dans toutes les catégories de produits et triez par commandes. Les produits comportant le plus de commandes sont donc des produits utilisés en dropshipping.

- **Myip.ms** : Site internet qui vous permet de consulter les meilleurs sites sur Shopify et donc de voir ce que vos plus gros concurrents commercialisent.

- **Google trends** : Analysez les produits saisonniers (par exemple les produits qui se vendent bien sur la période de Noël).

- **Wish** : Rendez-vous dans les *produits tendances* et tapez dans la barre de recherche «0 000». Vous verrez s'afficher tous les produits ayant plus de 10 000 commandes.

- **EcomHunt** (version gratuite ou payante) : Créez-vous un compte et EcomHunt sélectionne pour vous, selon lui, les potentiels produits gagnants actuels sur le marché.

Maintenant que vous avez plusieurs façons de dénicher un produit gagnant je vous dévoile mes propres **critères** pour trouver un produit qui se vend :

- **Marge élevée** : Doit pouvoir être vendu 3x plus cher. Marge +25€ idéale,
- **Difficile à obtenir** : Non disponible en magasin,
- **Facteur « Wahou »** : Captive l'attention et donne envie d'en parler à son entourage,
- **Forte demande** : Peut potentiellement intéresser des millions de personnes.

Si votre produit rentre dans ces 4 critères, je peux vous assurer que c'est un produit gagnant !

Néanmoins, il y a également des **produits à éviter** si vous souhaitez éviter les ennuis ou que votre lancement soit un échec. En voici la liste :

- Les **produits de marque** : n'essayez pas de faire de la contrefaçon ou d'utiliser des produits aperçus dans une série ou un film. Tôt ou tard votre compte se verra bloqué. Si vous souhaitez vendre un produit de marque, créez et déposez votre propre marque !

- Les **produits alimentaires** : le conditionnement et l'envoi de ce type de produit est très compliqué. C'est également un marché qui demande beaucoup de normes spécifiques et qui est très contrôlé. A éviter.

- Les **produits survendus** : tout le monde en dropshipping a tenté de vendre des colliers pour chien ou des coques pour smartphone. Ce sont des niches saturées, vous allez y perdre de l'argent.

- Les **produits fragiles** : attendez-vous à recevoir des retours clients pour faute de casse ou produit abîmé.

Si vous souhaitez encore en savoir plus sur la recherche de produit gagnant je vous conseille d'investir une formation (si vous en avez les moyens et la motivation) ou encore de vous renseigner à travers des vidéos gratuites sur YouTube.

Mais avec toute la connaissance et mes informations transmises, je vous assure qu'il est simple de trouver un produit gagnant.

N'oubliez pas, vous êtes à **1 produit** de changer votre vie.

Le choix de votre fournisseur en dropshipping est primordial. Etant l'émetteur qui envoie le produit directement à votre client, il ne faut surtout pas négliger cette étape car c'est en quelque sorte votre image/réputation qui en dépend.

Choisissez votre fournisseur en fonction du marché (de la niche) dans lequel vous souhaitez vous implanter mais également du pays.

Avant de sélectionner votre fournisseur, vous devez vous attarder sur certains points. Le plus simple est de vous poser ces 7 questions :

1. La **réputation** : vérifiez sur Google si votre fournisseur a une bonne réputation, sur les forums de discussions ou autre site internet.

2. Son service est-il de **bonne qualité** ? : pour vérifier ce point-là, rien de plus simple que de demander au fournisseur de vous envoyer un produit en guise de test. Cela vous permettra de vous placer dans le processus d'achat et de pouvoir juger la livraison (notamment les délais), la qualité, la gestion des retours, etc...

3. Est-il **disponible** ? : le temps c'est de l'argent. Alors si votre fournisseur n'est pas disponible et ne se rend pas facilement joignable, comment

comptez-vous faire en cas de problème ?

4. **Producteur** ou revendeur ? : cette question vous aidera à savoir si votre fournisseur passe par un intermédiaire pour les produits ou si il a sa propre chaîne de production. Tout est une question de marge. Passez directement par le fabricant du produit !

5. Livre-t-il sur toute **l'Europe** ? : qui dit plus de clients potentiels dit plus de chiffres d'affaire. Privilégiez un fournisseur international (qui livre dans toute l'Europe) et qui dispose donc de toutes les normes européennes.

6. Est-il possible **d'acheter un seul produit** ? : beaucoup de fournisseurs en dropshipping vous proposeront des prix de gros à condition d'avoir un minimum de quantité commandée. Votre but est donc de trouver un fournisseur qui vous permette d'acheter ses produits un par un et à prix de gros.

7. **Communication** : dans quelle langue le fournisseur souhaite-t-il communiquer ? Si vous n'êtes pas débrouillard en anglais, penchez-vous vers un fournisseur qui parle Français. Personnellement j'ai toujours travaillé avec des fournisseurs qui communiquent en anglais et même si

la langue est un frein pour vous, vous avez des logiciels tels que *DeepL*, *Google Traduction* ou encore *Reverso* à votre disposition sur internet.

Une fois ces points évalués, il ne vous reste plus qu'à sélectionner votre futur fournisseur.

Voici une liste (non-exhaustive) de fournisseurs en dropshipping qui livrent Europe :

- **Bigbuy** : Véritable référence en Europe, Bigbuy est une immense plateforme qui vous propose un large choix de produits.

- **Salehoo** : Site qui regroupe des fournisseurs en dropshipping. La plupart des fournisseurs sur ce site sont américains. Si vous cherchez, vous trouverez néanmoins des grossistes européens.

- **Itec-Pro** : Plus de 5 000 références et 100 000 m² de stockage à disposition au Luxembourg. En partenariat avec GLS, Mondial Relais ou encore Colissimo, Itec-Pro est un fournisseur européen qui saura faire votre bonheur.

- **Wholesale2b** : Un des pionniers qu'on ne présente plus dans le dropshipping avec plus d'un million de produits à votre disposition.

- **VidaXL** : Plus de 30 000 produits disposés dans différents entrepôts en Europe. Livraison proposée en 4-5 jours (suivant la taille du produit).

- **BrandsDistribution** : 100% intégré à l'application Dropizi, BrandsDistribution est un fournisseur italien réputé dans l'univers de la mode. Des délais de livraison très rapides dû à sa proximité avec la France.

- **Novaengel** : Livraison en 24-48h avec un catalogue produits de plus de 200 000 références et 500 marques. Ce fournisseur est toutefois spécialisé dans les cosmétiques et parfums.

Vous voyez qu'à ce stade-là, des fournisseurs, il y en a à la pelle. Vous avez donc l'embarras du choix...

Et si vous n'y trouvez toujours pas votre bonheur, voici selon moi les **10 meilleurs** fournisseurs en dropshipping (renseignez-vous à leur sujet si celui que vous envisagez ne figure pas dans la liste ci-dessus) :

- VidaXL
- Gratito.pl
- Bimago (Artgeist)
- Emuca Online
- Novaengel
- Griffati
- Brands Distribution
- AliExpress
- Webdrop Market
- Zentrada.network

Bien entendu, il vous est tout à fait possible de travailler avec plusieurs fournisseurs à la fois.

De plus en plus de fournisseurs français en Europe permettent de vendre sur internet.

CADEAU

En cadeau, comme promis, voici une liste de 15 produits gagnants :

1. Sac de maternité
2. Tire-lait électrique
3. Bracelet de survie
4. Legging de fitness
5. Bouchon d'oreille de natation
6. Huile à barbe
7. Sticker phosphorescent
8. Genouillère de maintien
9. Ceinture abdominale
10. Pyjama pour bébé
11. Montre connectée
12. Bracelet connecté
13. Gilet chauffant
14. Correcteur de posture
15. Gourde

CONCLUSION

Votre boutique est créée, vos produits sont importés et vous savez quel(s) fournisseur(s) sélectionner. Afin de générer du trafic sur votre site, et donc d'y apporter de la visibilité, n'oubliez pas la partie marketing à travers tout cela.

Utilisez un maximum de réseaux sociaux possibles (en adéquation avec votre client cible) tel que Facebook, Snapchat, Pinterest, Twitter ou encore Instagram.

N'oubliez pas de proposer des réductions, offres limitées ou d'autres avantages de ce type afin d'attirer de nouveaux clients sur votre site internet et enfin, les fidéliser.

Je souhaite encore vous **féliciter d'avoir fait le premier pas** ! Maintenant, passez à l'action, et massivement !

Si vous avez aimé ce livre, je vous invite à laisser votre commentaire sur Amazon.fr. Votre opinion est très importante pour moi car cela m'aide à améliorer la qualité de mes ouvrages.

Enfin, je vous souhaite le meilleur dans le milieu professionnel et personnel.

Que vos business se portent bien !

A très bientôt !

Michael T. WILSON